Jedes Bild, das auf diese Art entsteht, ist einmalig. Auch dann, wenn man schon eine gewisse Erfahrung gesammelt hat, gelingt es kaum, in getrennten Arbeitsgängen zwei genau gleiche Bilder zu batiken. Gerade darin liegt der besondere Reiz dieser Technik.
Neben dem Farbensinn und der Vorstellungskraft wird somit auch die Spontaneität gefördert. Die fertigen Papierbatikbilder sprechen für sich selbst. Es lassen sich aber auch hübsche und praktische Anwendungen finden.

Vorbereitungen

Als Arbeitsplatz genügt irgend ein Tisch im Zimmer oder in der Küche. Zweckmäßigerweise deckt man eine Plastikfolie oder eine dicke Lage Zeitungen darüber. Zum Trocknen der fertigen Bilder sollten gleichfalls einige Zeitungen bereitliegen, z. B. auf dem Boden.
Als Werkzeug wird eine Pinzette und ein Lappen benötigt. Eventuell kann eine kleine Flachzange von Nutzen sein, besonders wenn man große Papierstücke batiken will. Als Farbe benutzt man normale Stoffbatikfarbe. Farbige Tusche und Tinte, die jedoch teuer sind, sowie Holzbeize sind gleichfalls geeignet. Die relativ preiswerte farbige Holzbeize läßt sich lange aufbewahren, länger als Batikfarbe. Sie hat jedoch den entscheidenden Nachteil, daß kleine beim Tauchen verschleppte Farbmengen vor allem helle Farben nach kurzem Gebrauch im Farbton ändern. Außerdem wirken die mit Holzbeize oder Tinte gebatikten Bilder leicht etwas zu grell.
Diese Nachteile hat Stoffbatikfarbe nicht. Beim Anrühren sollte man die folgenden Hinweise beachten: Der Inhalt des Beutels und zwei Kaffeelöffel Kochsalz werden mit einem Liter kochendem Wasser in einem hitzebeständigen Gefäß angerührt. Zum Aufbewahren der restlichen Farben eignen sich z. B. leere Orangensaftflaschen mit Schraubdeckel. Die fertigen Farblösungen sind kälteempfindlich. Wenn man dies beachtet, kann man die Farben auch nach einigen Wochen noch verwenden.
Zweckmäßigerweise macht man nach dem Anrühren einer Farbe eine Probefärbung. Dabei muß die Farbe gut fließen. Das Probestück sollte man nach dem Entfalten auf einen weißen Hintergrund legen. Voll durchgefärbte Flächen müssen gleichmäßig getönt sein, sie dürfen nicht fleckig, aber andererseits auch nicht zu blaß wirken. Wie etwa auftretende Fehler beseitigt werden können, steht im letzten Kapitel.
Von wesentlicher Bedeutung für das Ergebnis ist die Wahl des Papiers: Es muß saugfähiges Japanseidenpapier mit glatter Oberfläche verwendet werden. Solches mit Maserung oder zu faseriger Oberfläche ist nicht geeignet. Das verwendete Papier sollte ziemlich dünn sein. Am besten eignet sich ein Papier mit einem Flächengewicht von 16 bis 20 Gramm pro Quadratmeter. Dünneres Papier ist nicht geeignet. Es reißt leicht und wirkt nach dem Einfärben zu blaß. Mit einem Papier von ca. 30 gr/m² als Obergrenze erhält man noch zufriedenstellende Ergebnisse.

Die einzelnen Arbeitsgänge

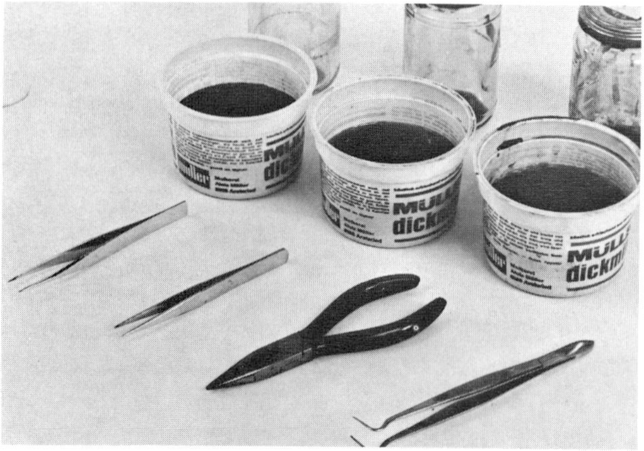

Bereitstellen der Farben in geeigneten Gefäßen. Als Werkzeug genügt eine Pinzette oder wenn vorhanden auch noch eine zweite mit anders geformter Spitze und eine Rund- oder Flachzange.

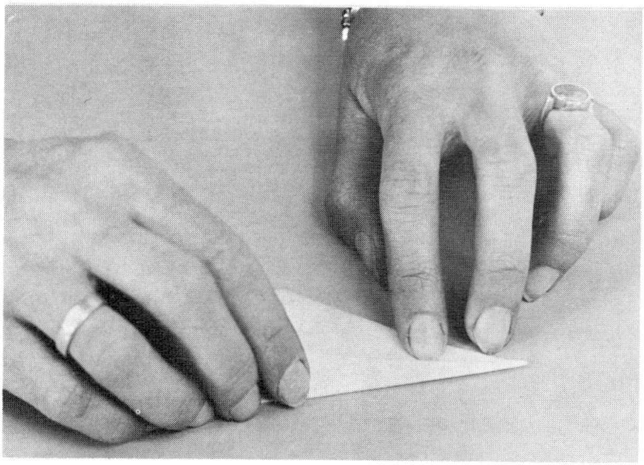

Gefaltet wird auf einer glatten, harten Unterlage.
Nur mit einer Kuppe des Fingernagels glattstreichen, damit die Papieroberfläche nicht beschädigt wird.
Hier entsteht eine Schirmfaltung.

So beginnt das Färben: es wird nur die Spitze kurz eingetaucht, damit nicht zuviel Farbe aufgesaugt wird.

Zum Abnehmen überschüssiger Farbe sollte ein Lappen bereitliegen.

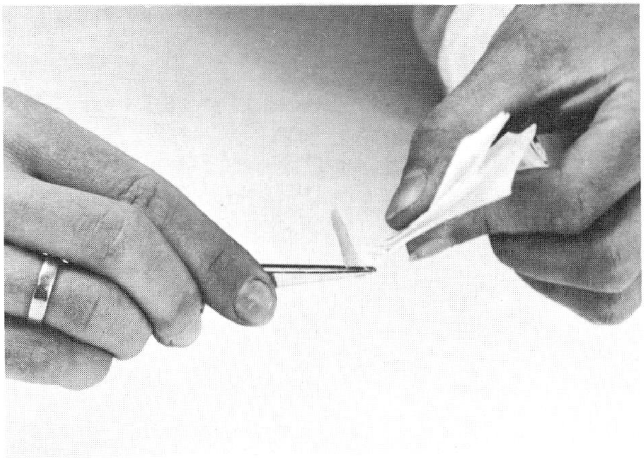

Die eingefärbte Spitze wird mit der Pinzette hochgebogen und dabei gegebenenfalls etwas verdrillt.

Mit der Pinzette wird kräftig abgedrückt, damit die Farbe beim zweiten Eintauchen in eine weitere Farbe nicht zu sehr mit der ersten zusammenläuft. Gerade die zarten Übergänge bis hin zum Weiß sind ein Charakteristikum der gebatikten Papiere.

Ein letztes Eintauchen, diesmal von der anderen Seite her.

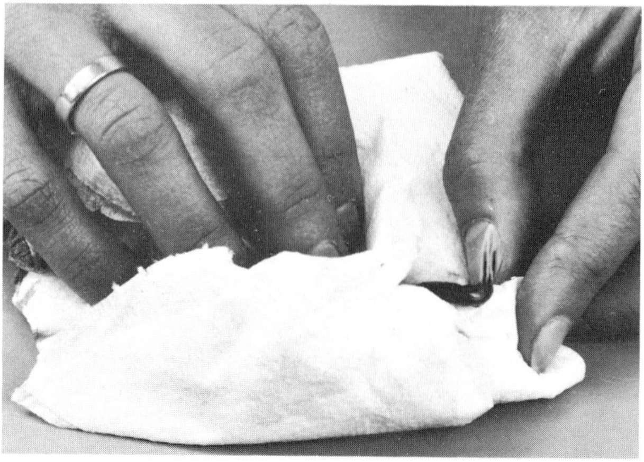

Vor dem Auseinanderfalten wird das mit Farbe getränkte Papier vorsichtig in einem weichen Lappen ausgedrückt.

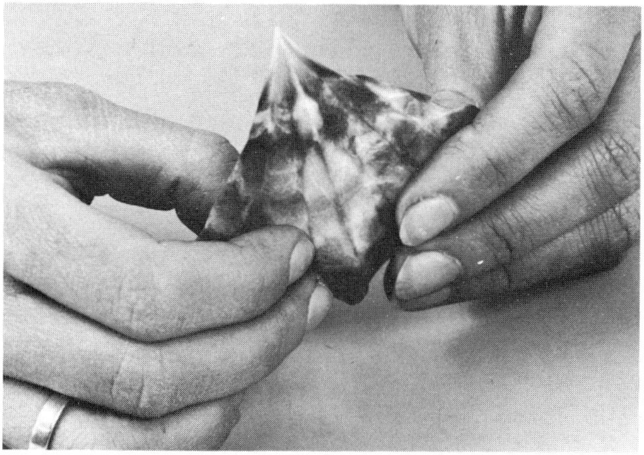

Das Papier wird auseinandergefaltet, gleich nach dem Färben. Die Farben trocknen so klarer auf. Wenn es aber gar nicht ohne Einreißen auseinandergehen will, kann man auch erst trocknen lassen.

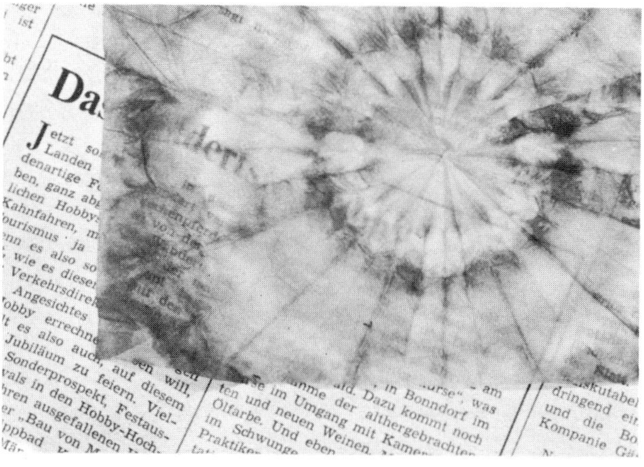

Ein saugfähiges Papier als Unterlage (Zeitung) beschleunigt die Trocknung.

Falten und Einfärben

Es gibt zwei unterschiedliche Faltarten, die als Grundformen bezeichnet werden können. Alle anderen Formen sind Variationen dieser Grundformen.
Bei der einen Faltart, der Schirmfaltung, gehen die Falten von einem Punkt aus. Es ergeben sich stern-, sonnen- oder schlangenförmige Gebilde.
Bei der anderen Faltart, der Parallelfaltung, laufen die Falten parallel über das gesamte Papier oder das Papier läßt sich in einzelne Bereiche mit paralleler Faltung unterteilen.
Beim Einfärben hält man das gefaltete Papier mit der einen Hand und taucht das andere Ende in die gewünschte Farbe. Die Größe der eingefärbten Fläche ist außer von der Eintauchtiefe auch von der Eintauchdauer abhängig. Die überschüssige Farbe wird mit Hilfe des Lappens herausgedrückt. Der eingefärbte Teil wird mit der Pinzette hochgebogen und die darauffolgenden noch weißen Stellen werden in eine andere Farbe eingetaucht. Dieser Vorgang wird mehrmals wiederholt. Durch schräges Eintauchen, Ineinanderfließenlassen, Abdrücken mit der Pinzette oder Verdrillen des gefalteten Papiers lassen sich die unterschiedlichsten Wirkungen erzielen.

Es sollen nun einige Faltformen vom ersten Falz bis zur fertigen Papierbatik gezeigt werden. Alle Beispiele werden an einem Rechteckformat gezeigt, wie es besonders für Glückwunschkarten geeignet ist. Sämtliche Faltarten lassen sich jedoch ohne Schwierigkeiten auf andere Formate übertragen.
Die skizzierten unsymmetrischen Faltarten eignen sich besonders für größere Formate, da die dabei entstehenden komplizierteren Muster sonst nicht zur Geltung kommen. Bei den Parallel- und Zick-Zack-Faltarten erhält man reizvolle Ergebnisse, wenn man durch kurzes seitliches Eintauchen die Kanten betont.
Für die gezeigten Faltformen wird kein Anspruch auf Vollständigkeit erhoben. Eigene Experimente werden immer wieder zu Überraschungen führen.
Hat man jedoch erst eine gewisse Erfahrung, kann man schon am Verlauf der Falten das ungefähre Aussehen des fertigen Bildes voraussagen, da die Farbgrenzen bei der üblichen Tauchtechnik senkrecht zu den Falten verlaufen. Damit wird das Ausprobieren und Üben neuer Faltformen erleichtert; jedes nicht zu dicke Papier kann dazu verwendet werden.

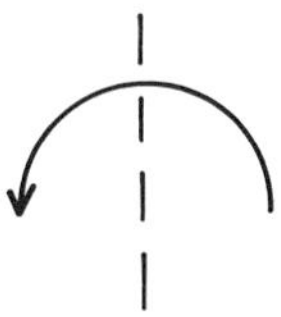

Die Faltrichtung wird auf den Skizzen durch Pfeile angedeutet; ausgezogene Pfeile bedeuten Faltung nach vorne, gestrichelte Pfeile Faltung nach hinten.

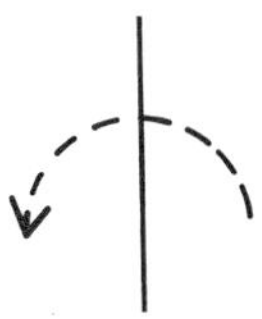

Halbkreis *(Grundform Schirm)*

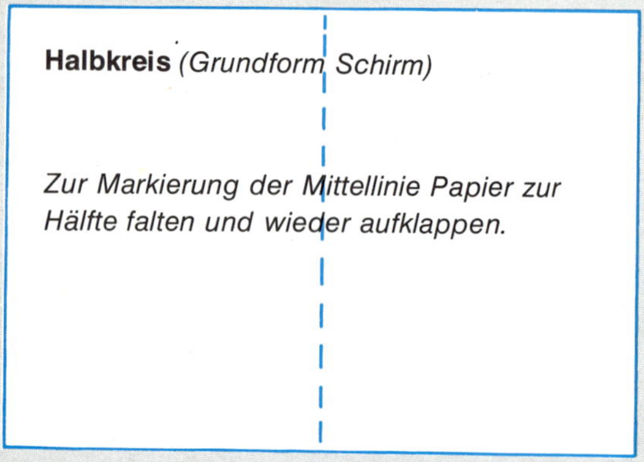

Zur Markierung der Mittellinie Papier zur Hälfte falten und wieder aufklappen.

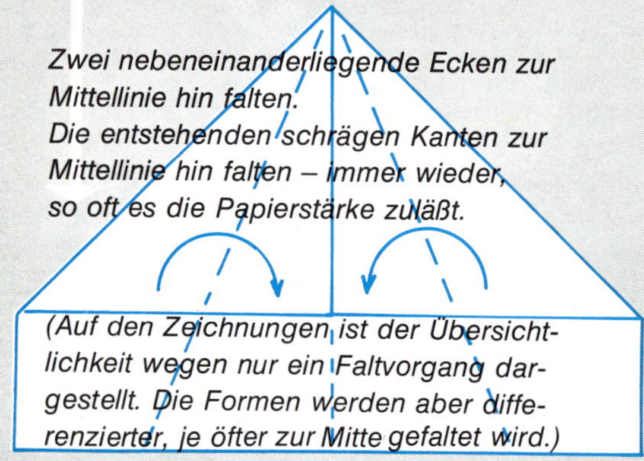

Zwei nebeneinanderliegende Ecken zur Mittellinie hin falten.
Die entstehenden schrägen Kanten zur Mittellinie hin falten – immer wieder, so oft es die Papierstärke zuläßt.

(Auf den Zeichnungen ist der Übersichtlichkeit wegen nur ein Faltvorgang dargestellt. Die Formen werden aber differenzierter, je öfter zur Mitte gefaltet wird.)

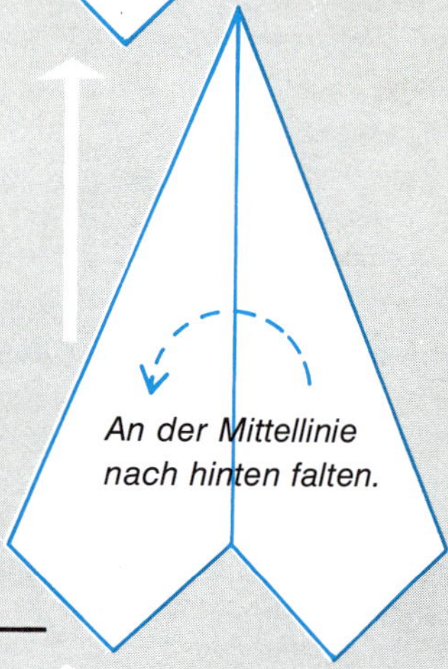

An der Mittellinie nach hinten falten.

Fertig zum Eintauchen in die Farbbäder.

Kreis *(Grundform Schirm)*

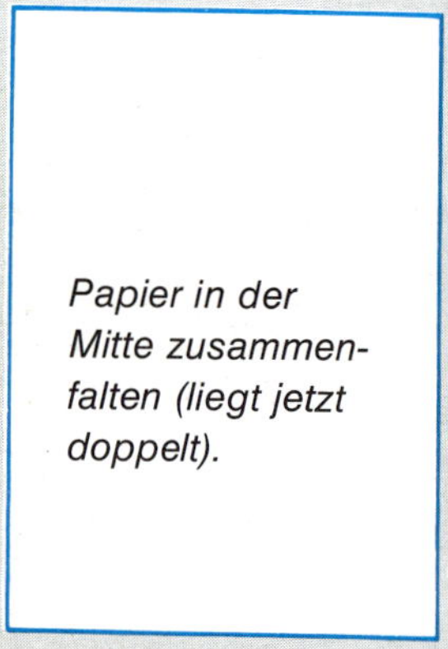

Papier in der Mitte zusammenfalten (liegt jetzt doppelt).

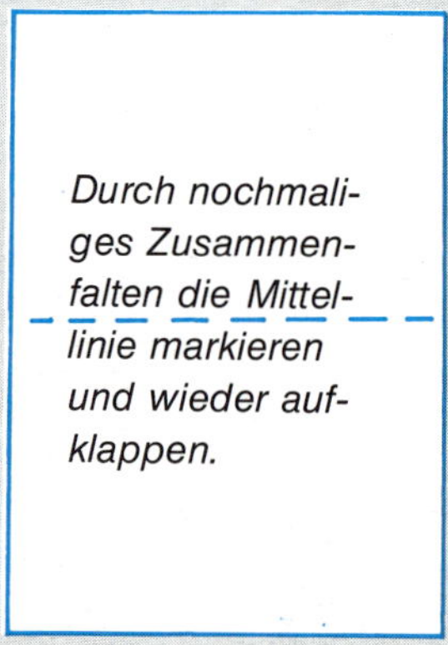

Durch nochmaliges Zusammenfalten die Mittellinie markieren und wieder aufklappen.

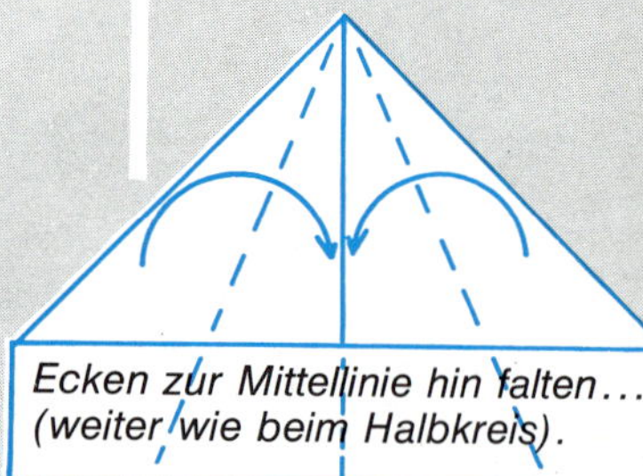

Ecken zur Mittellinie hin falten... (weiter wie beim Halbkreis).

Doppelkreis *(Grundform Schirm)*

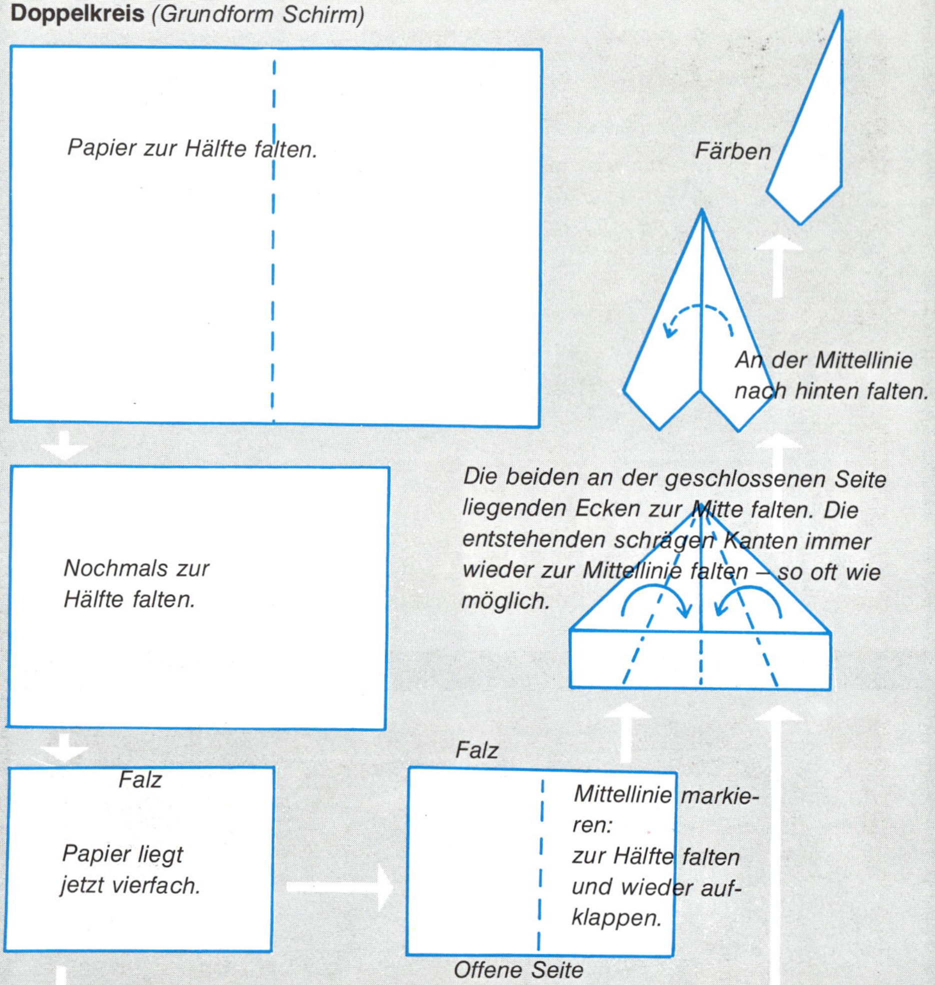

Vierfach-Kreis *(Grundform Schirm)*

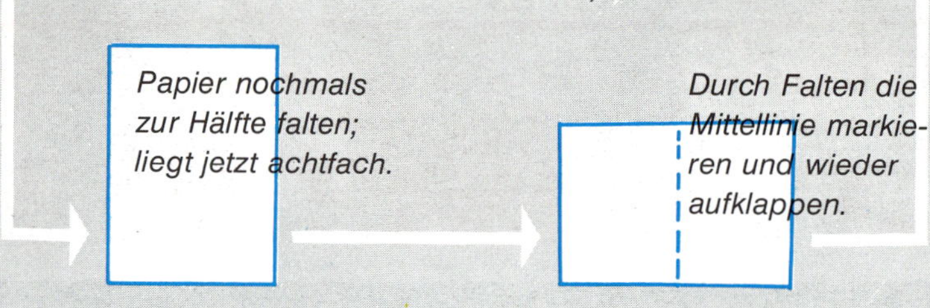

Kreis mit acht kleinen Kreisen
(Grundform Schirm)

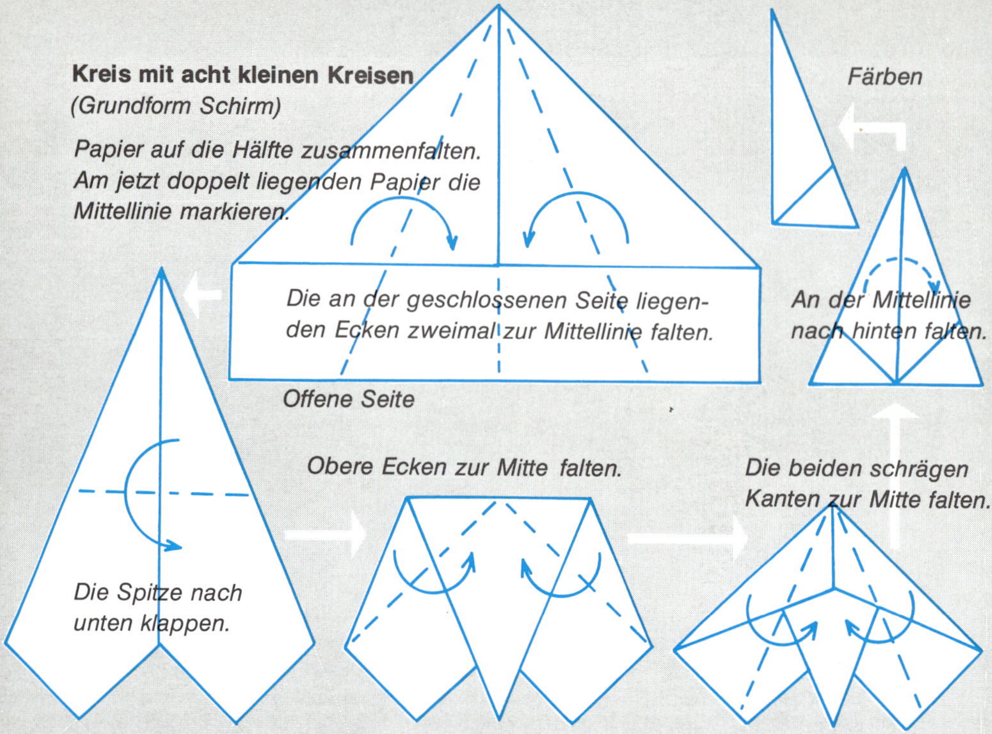

Vier Kreise nebeneinander *(Grundform Schirm)*

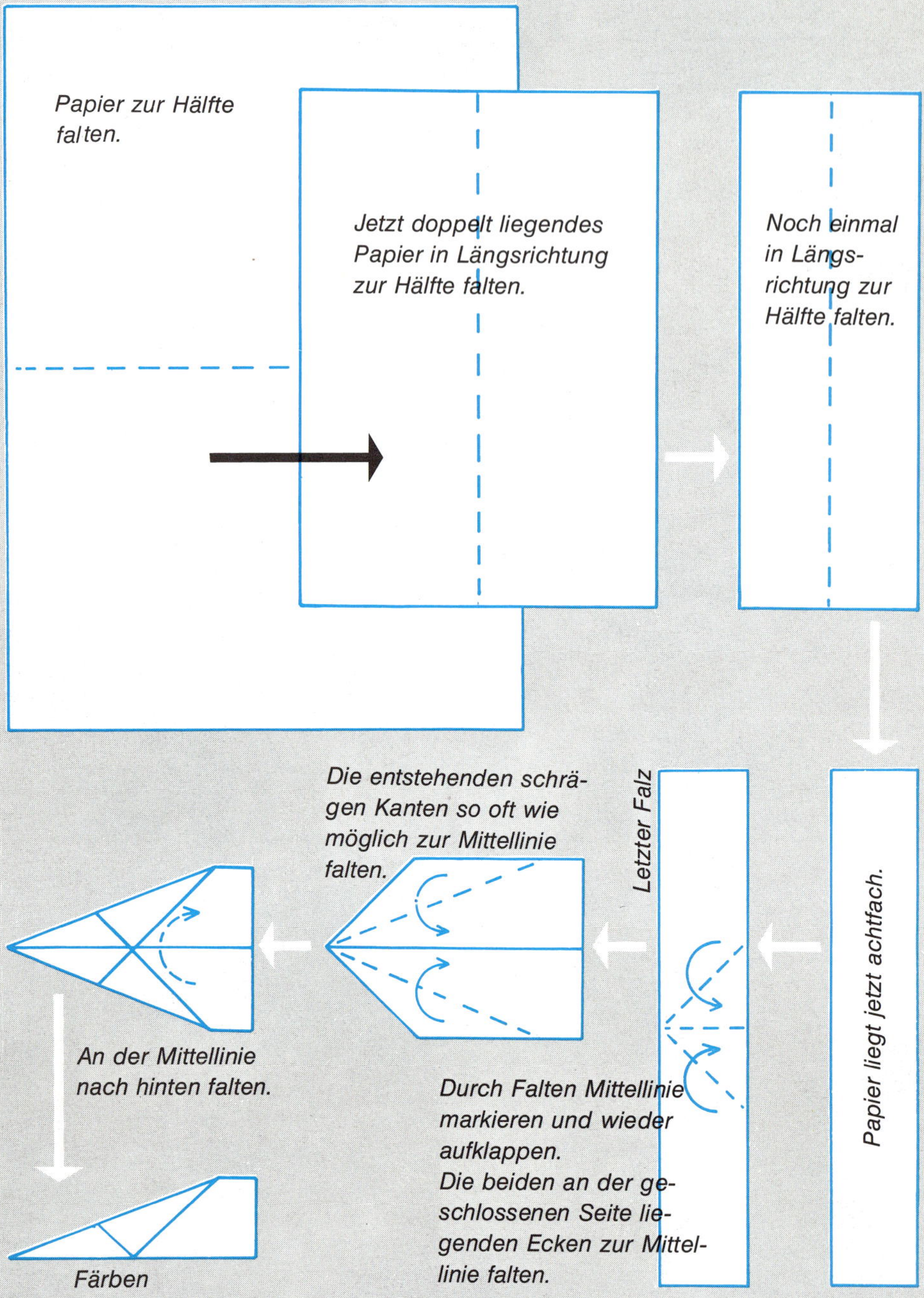

Schlange

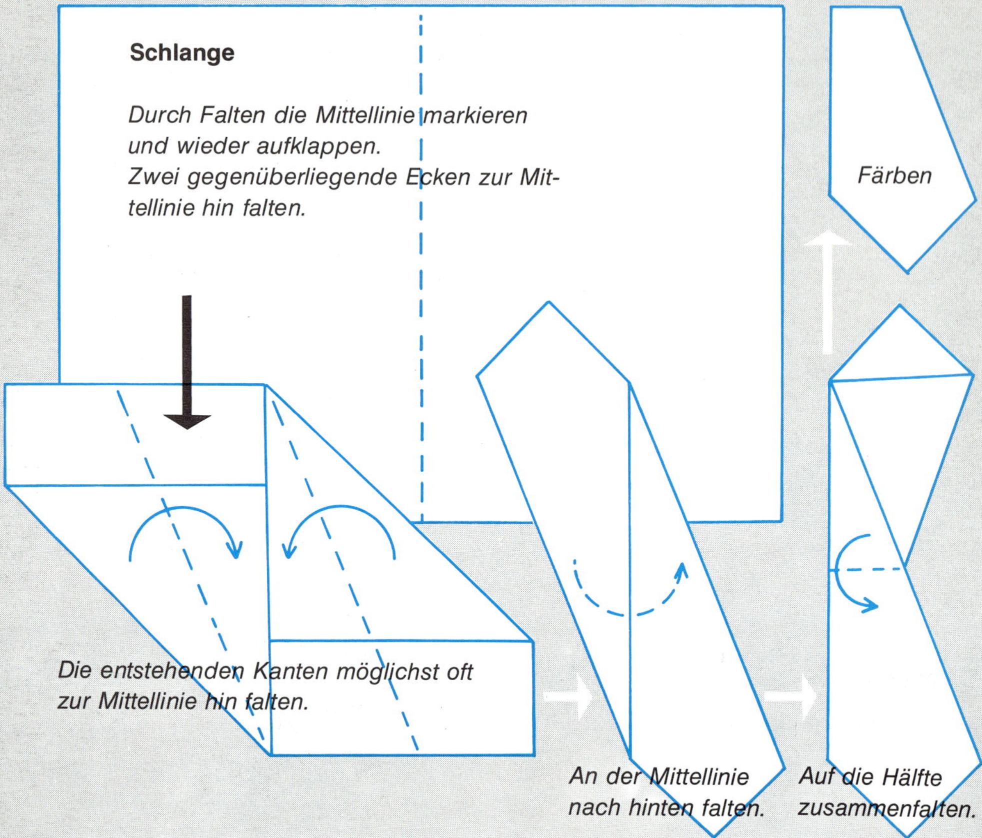

Doppelschlange

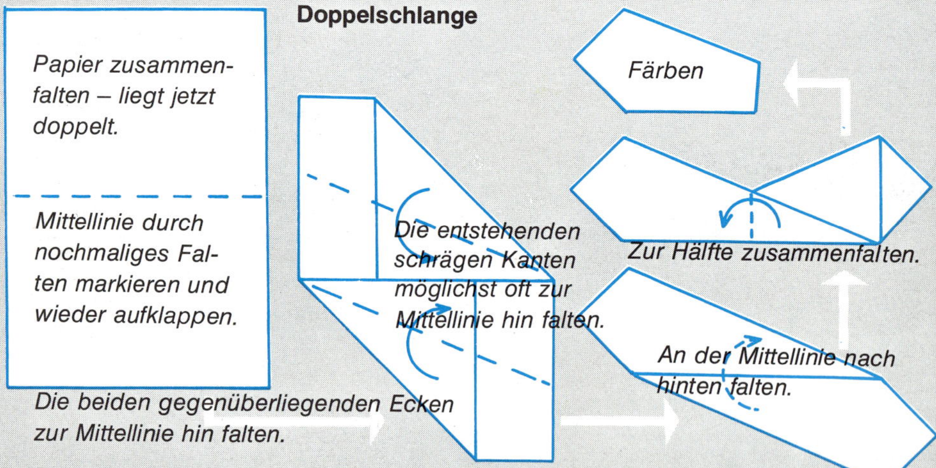

Vierfache Schlange

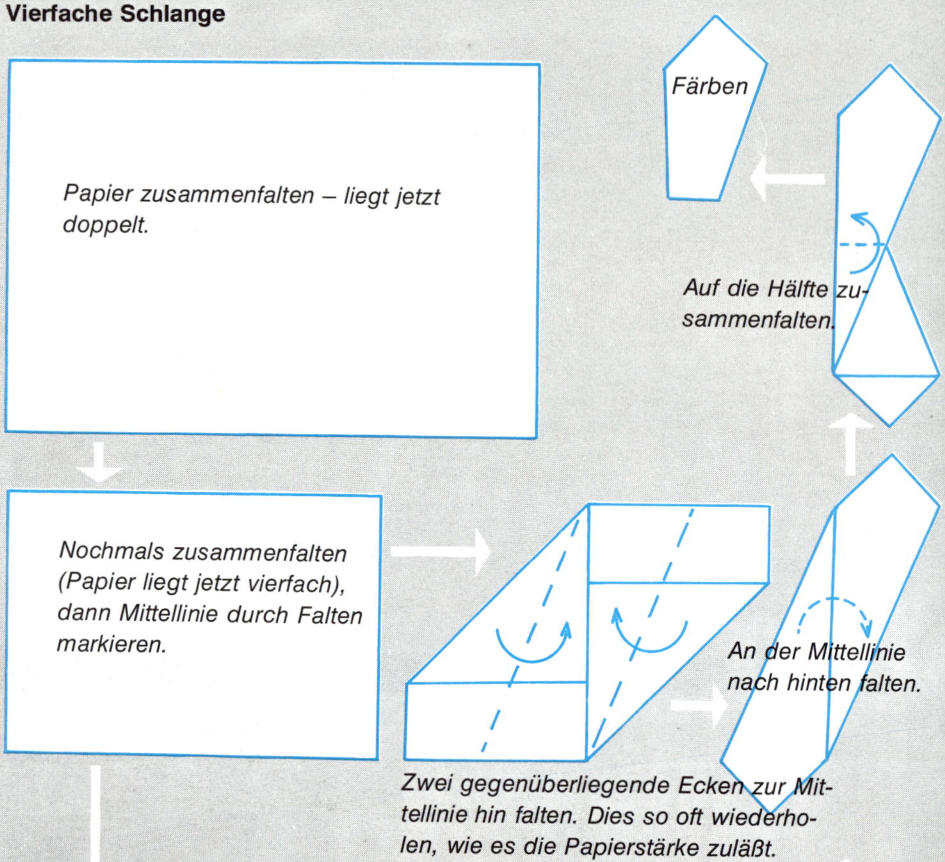

Achtfache Schlange

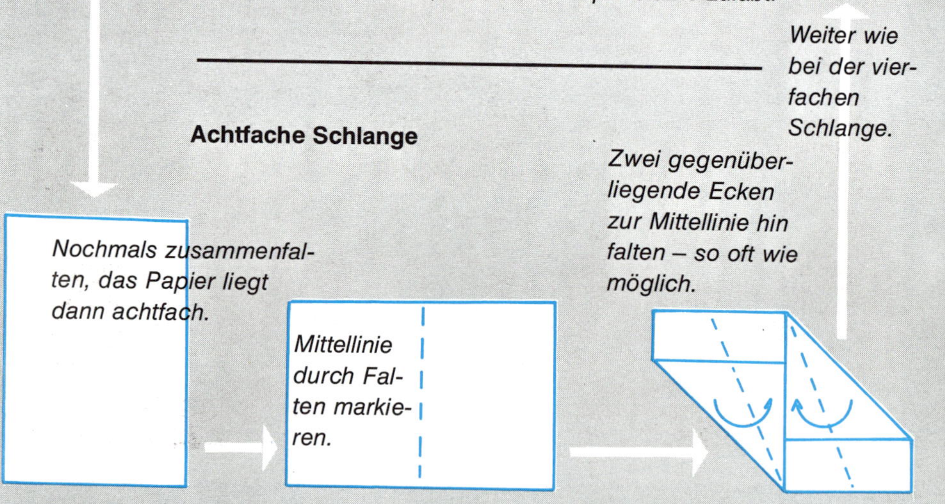

Achtfache Schlange, nebeneinander

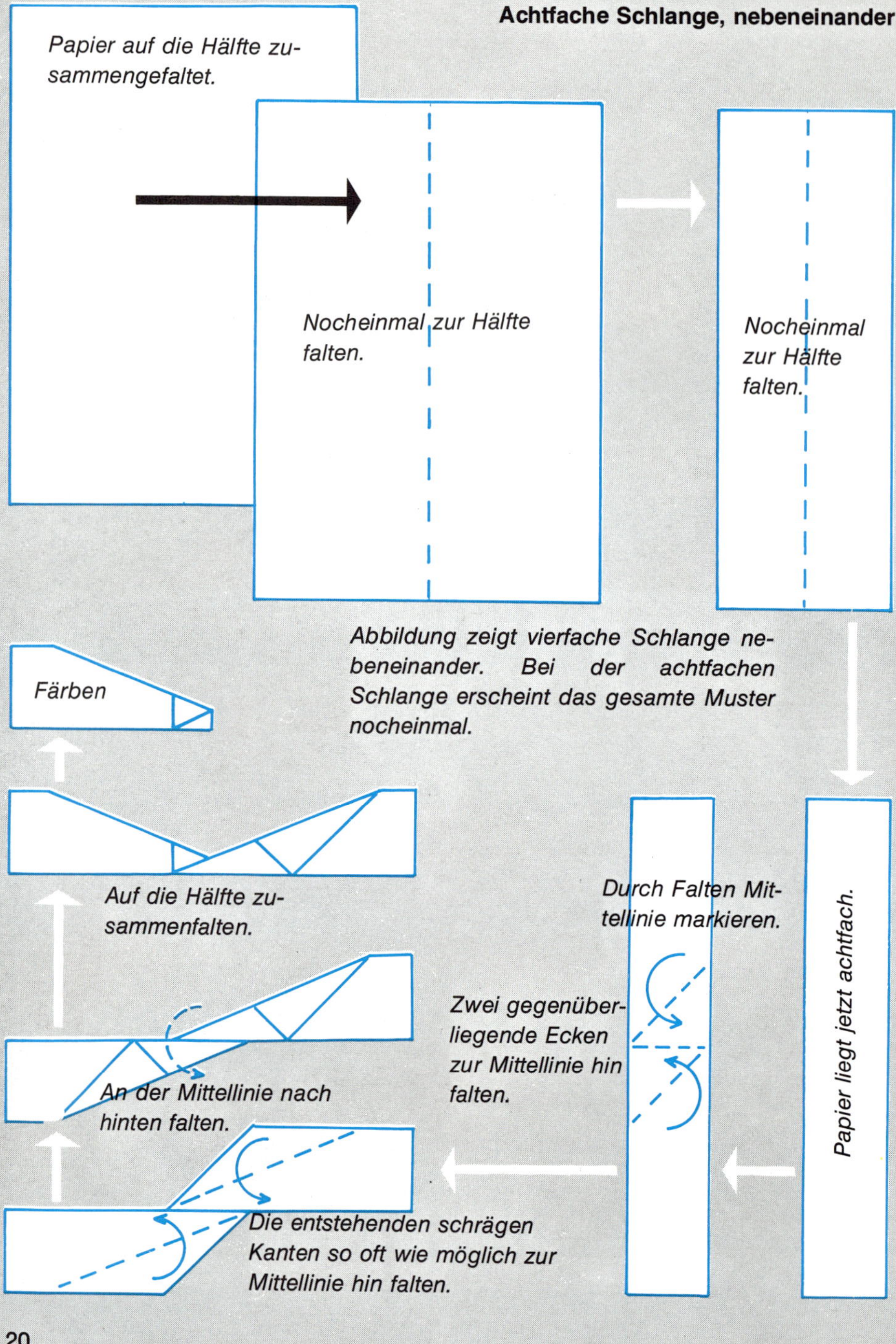

Grundform Parallelfaltung

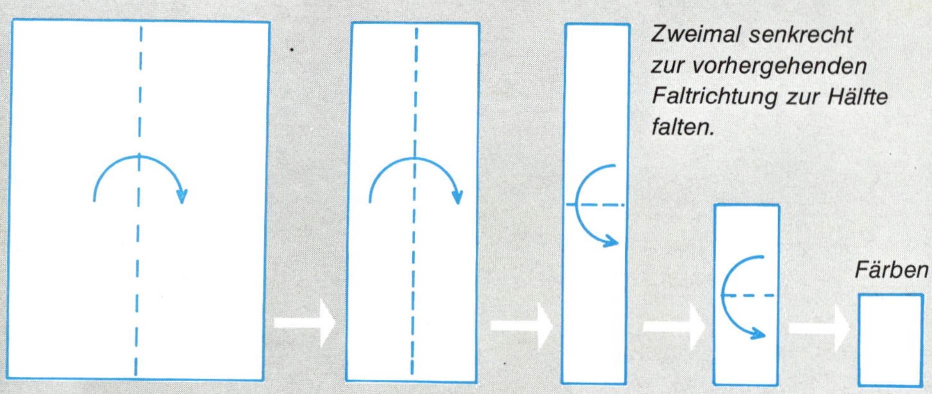

Papier quer zur Hälfte gefaltet – dann in Längsrichtung weiterfalten, bis das Papier achtfach liegt oder mehr.

Besonders bei großen Formaten ist eine Ziehharmonikafaltung besser als die Parallelfaltung.

Zickzack-Form

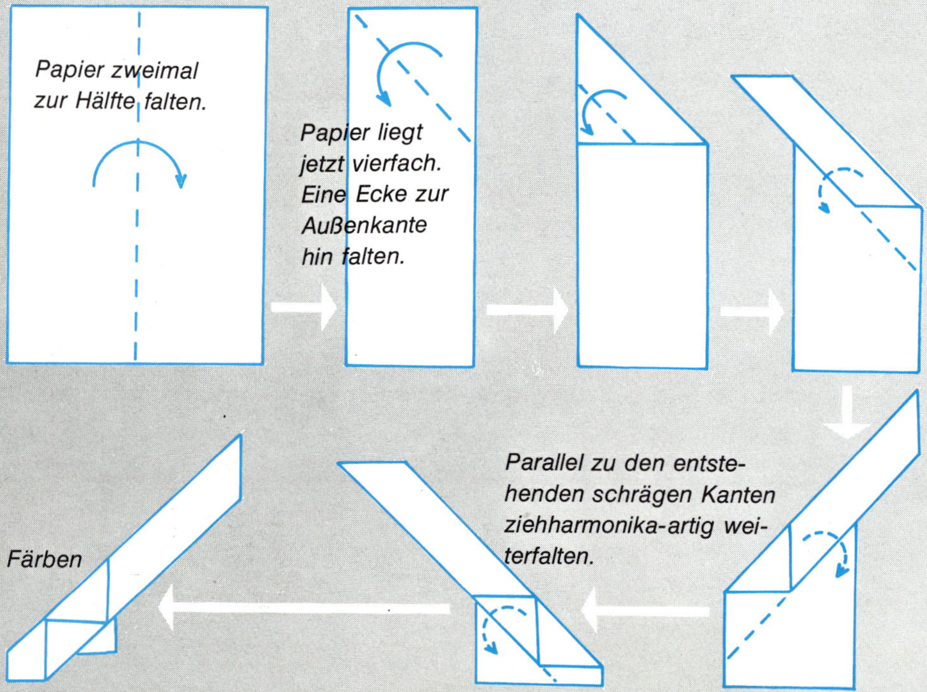

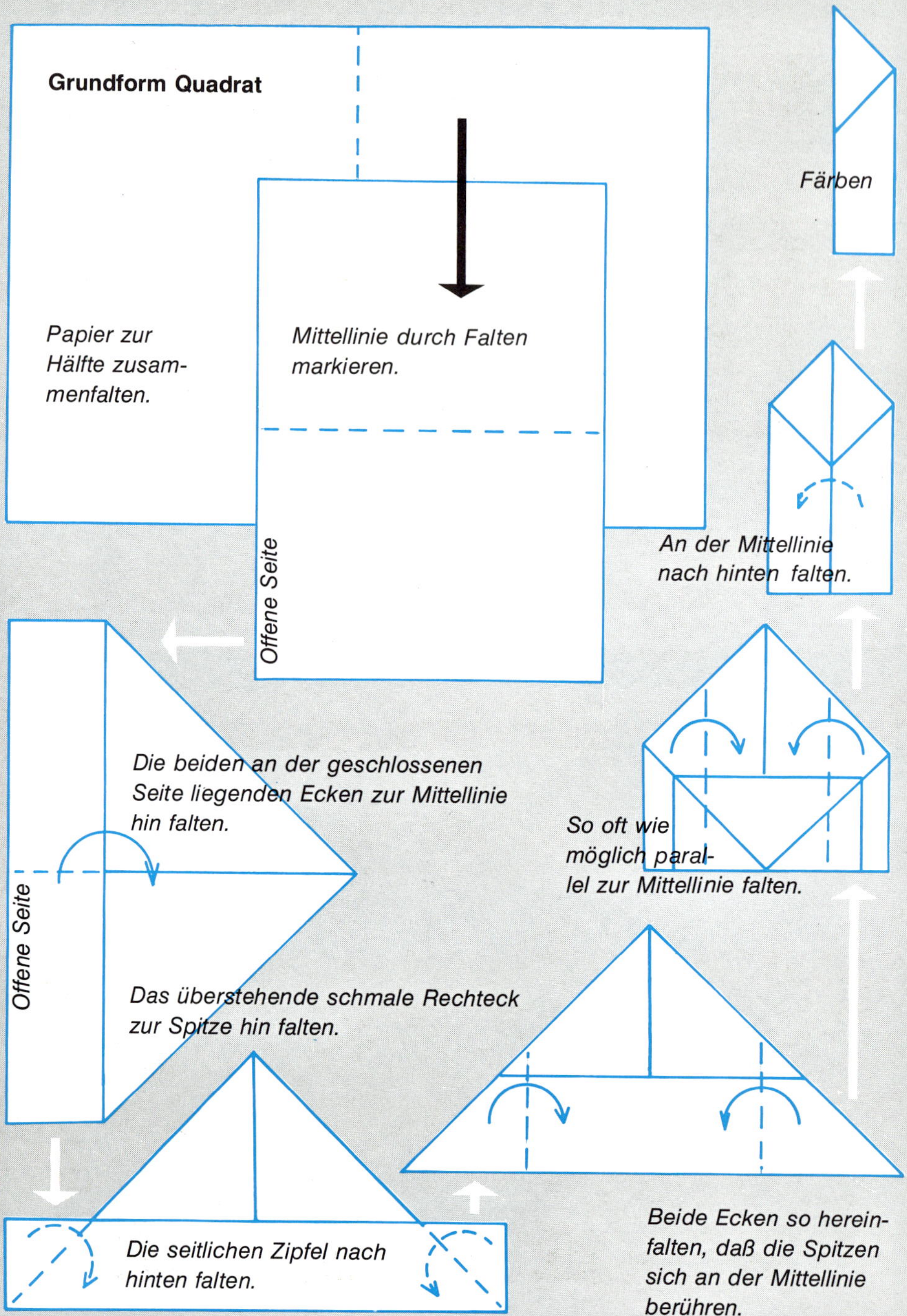
Grundform Quadrat
Papier zur Hälfte zusammenfalten.
Mittellinie durch Falten markieren.
Offene Seite
Die beiden an der geschlossenen Seite liegenden Ecken zur Mittellinie hin falten.
Offene Seite
Das überstehende schmale Rechteck zur Spitze hin falten.
Die seitlichen Zipfel nach hinten falten.
Beide Ecken so hereinfalten, daß die Spitzen sich an der Mittellinie berühren.
So oft wie möglich parallel zur Mittellinie falten.
An der Mittellinie nach hinten falten.
Färben

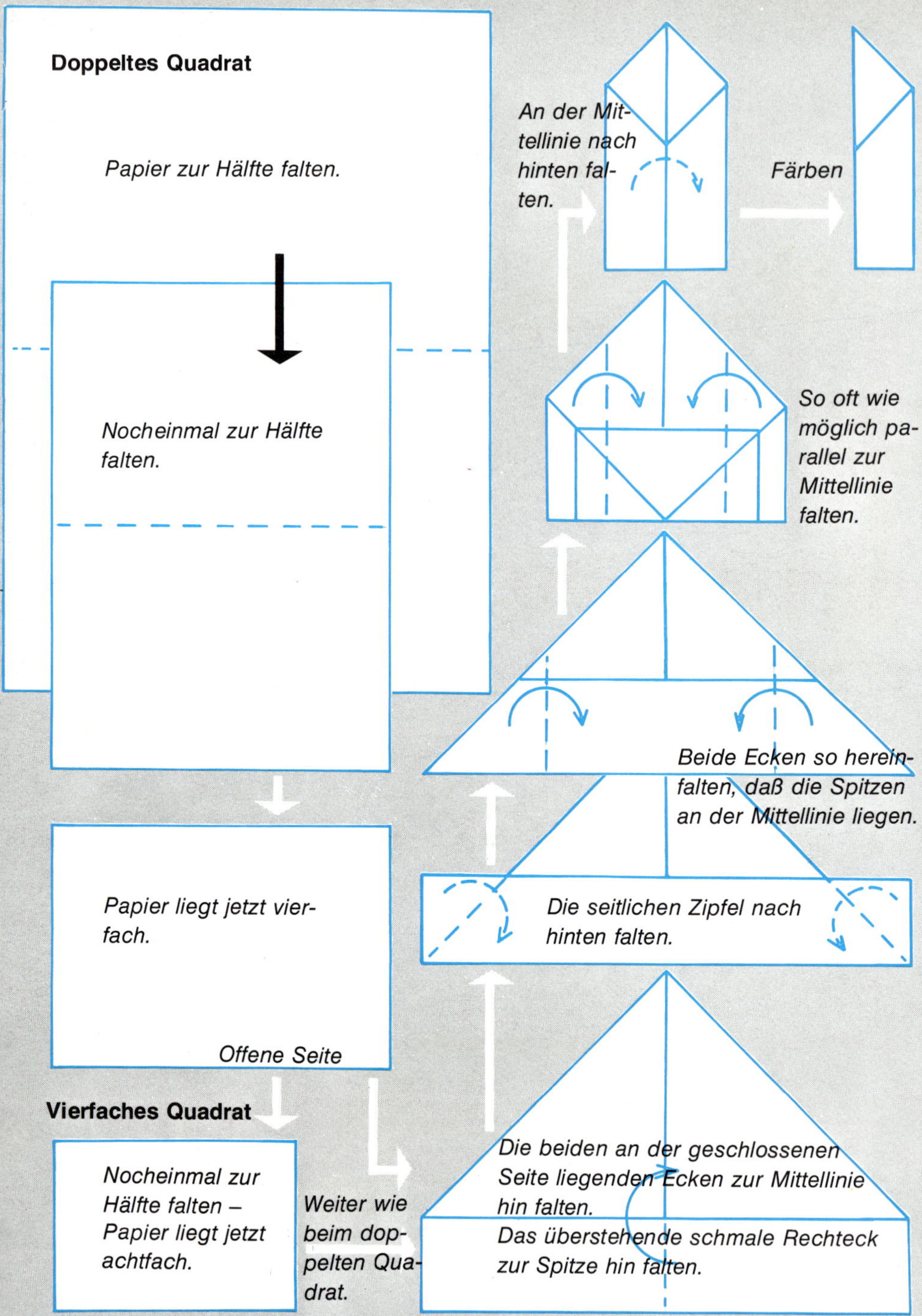
Doppeltes Quadrat
Papier zur Hälfte falten.
Nocheinmal zur Hälfte falten.
Papier liegt jetzt vierfach.
Offene Seite
Vierfaches Quadrat
Nocheinmal zur Hälfte falten – Papier liegt jetzt achtfach.
Weiter wie beim doppelten Quadrat.
Die beiden an der geschlossenen Seite liegenden Ecken zur Mittellinie hin falten.
Das überstehende schmale Rechteck zur Spitze hin falten.
Die seitlichen Zipfel nach hinten falten.
Beide Ecken so hereinfalten, daß die Spitzen an der Mittellinie liegen.
So oft wie möglich parallel zur Mittellinie falten.
An der Mittellinie nach hinten falten.
Färben

Quadrate auf der Spitze stehend

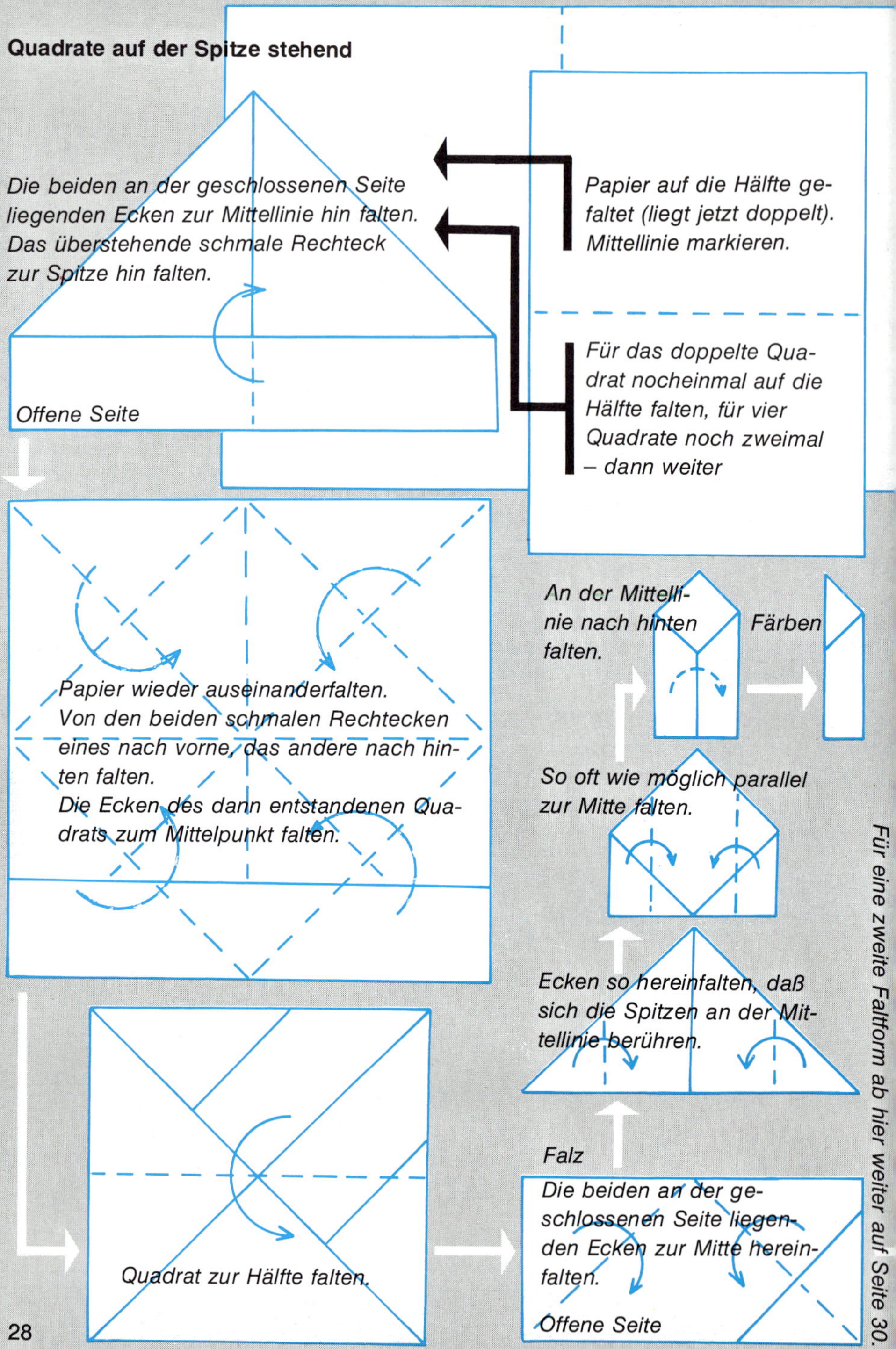

Für eine zweite Faltform ab hier weiter auf Seite 30.

Quadrate auf der Spitze stehend
zweite Faltform

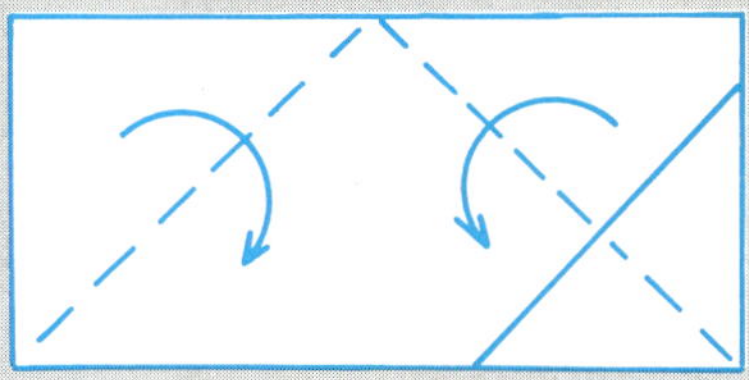

Der Weg zu dieser Figur ist auf Seite 28 gezeigt.

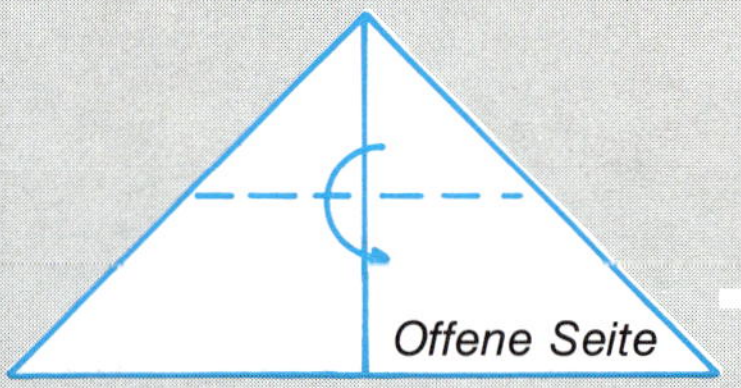

Die Spitze des Dreiecks zur Grundlinie herunterfalten.

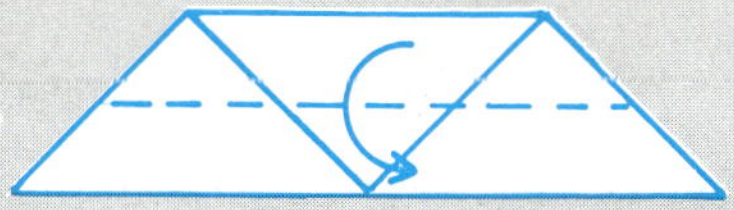

In der gleichen Richtung parallel zur Grundlinie weiterfalten – so oft es geht. Auch hier entscheidet die Häufigkeit der Faltungen über grobe, flächige Färbung oder ein feingliedriges Muster.

Auf die Hälfte zusammenfalten

Färben

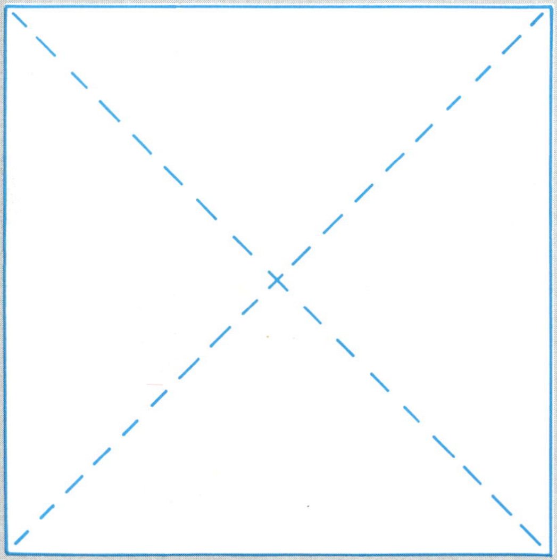

Hat man als Ausgangsformat schon ein quadratisches Papier, eignen sich die zuletzt gezeigten Faltformen und auch die folgende besonders gut. Zweimal die Diagonale gefaltet und wieder aufgeklappt markiert den Mittelpunkt.

Kreise und Quadrate

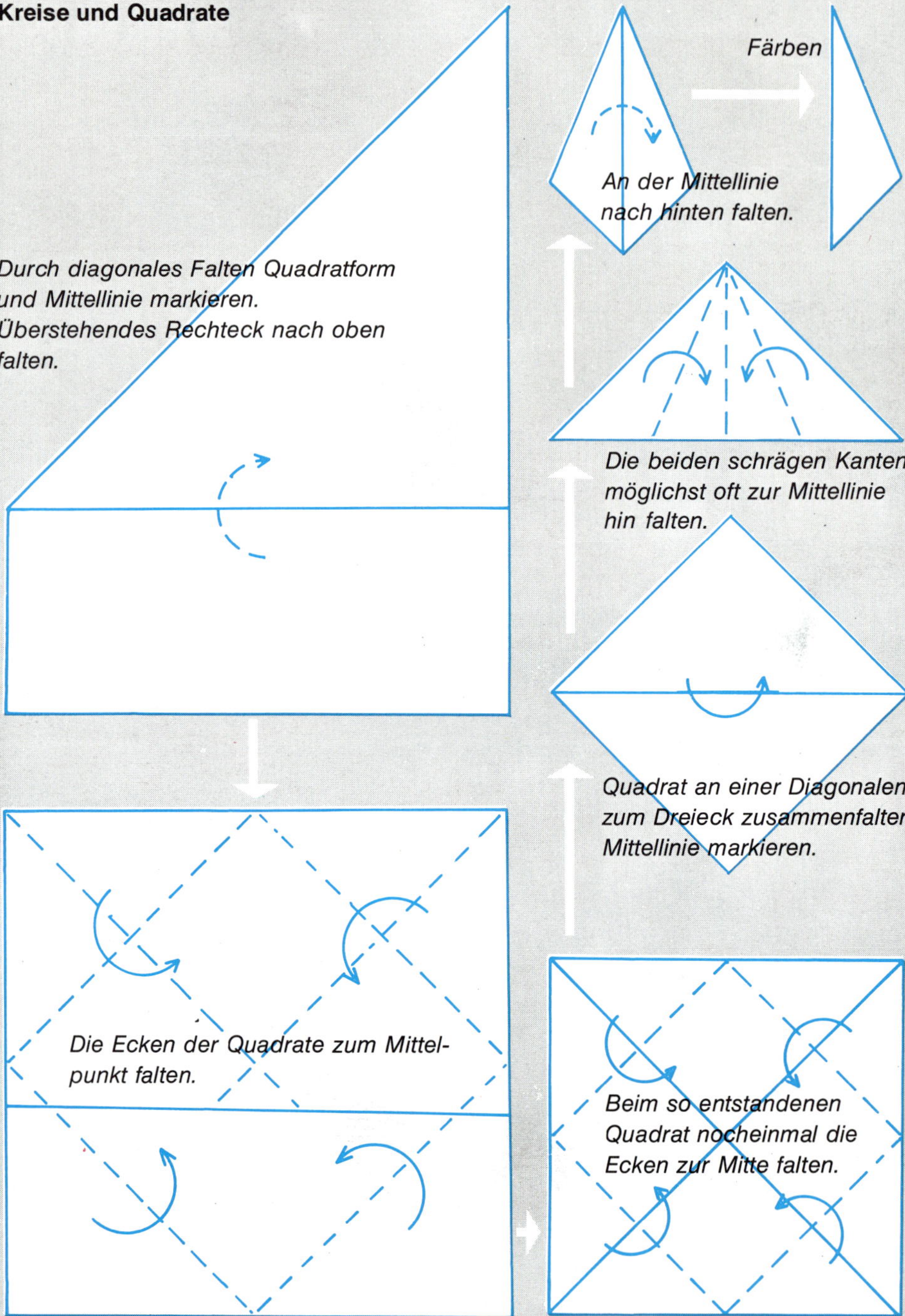

Durch diagonales Falten Quadratform und Mittellinie markieren. Überstehendes Rechteck nach oben falten.

Die Ecken der Quadrate zum Mittelpunkt falten.

Beim so entstandenen Quadrat nocheinmal die Ecken zur Mitte falten.

Quadrat an einer Diagonalen zum Dreieck zusammenfalten. Mittellinie markieren.

Die beiden schrägen Kanten möglichst oft zur Mittellinie hin falten.

An der Mittellinie nach hinten falten.

Doppelkreis, von der Diagonalen ausgehend

(dazu Abbildung auf der Umschlag-Vorderseite)

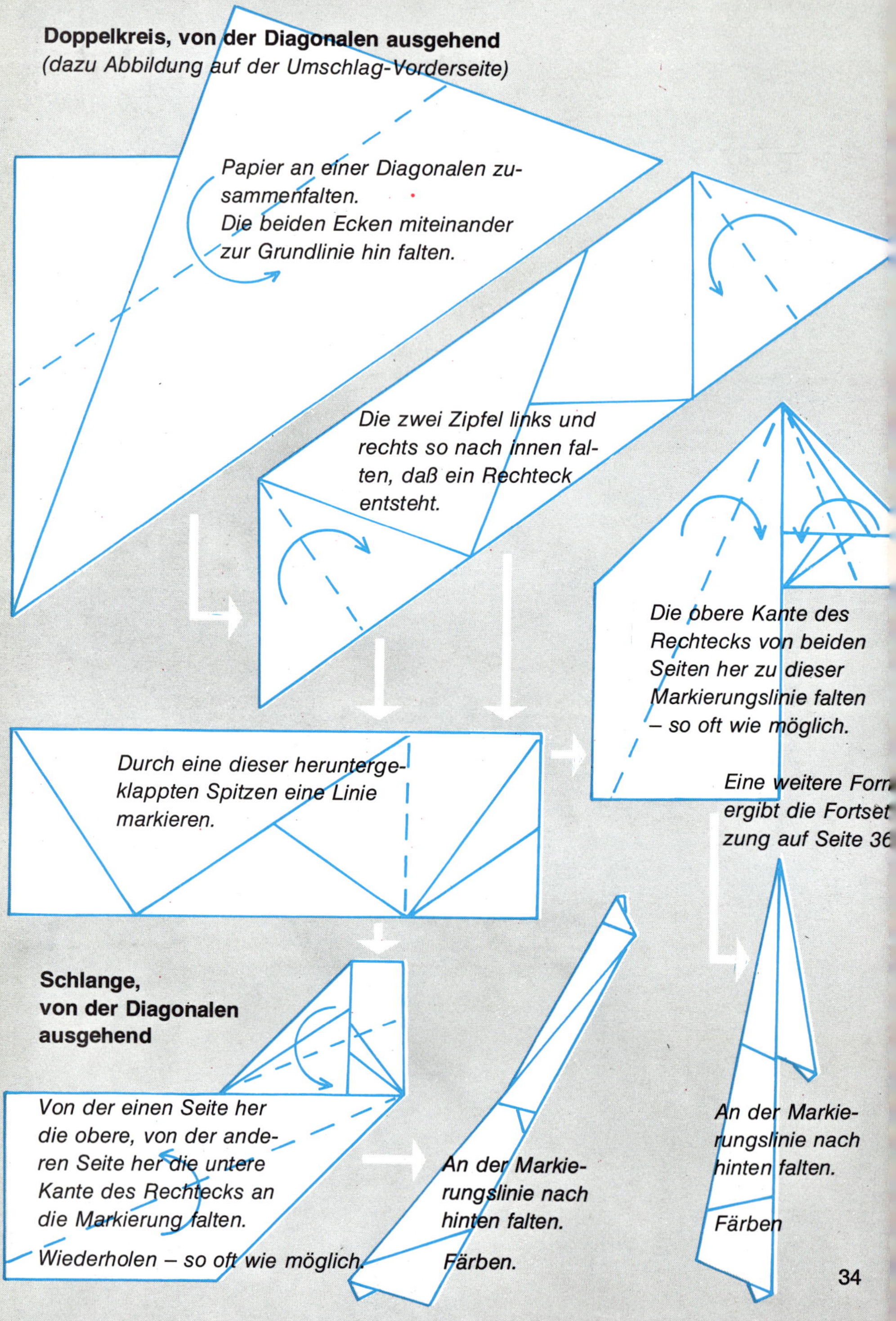

Papier an einer Diagonalen zusammenfalten.
Die beiden Ecken miteinander zur Grundlinie hin falten.

Die zwei Zipfel links und rechts so nach innen falten, daß ein Rechteck entsteht.

Die obere Kante des Rechtecks von beiden Seiten her zu dieser Markierungslinie falten – so oft wie möglich.

Durch eine dieser heruntergeklappten Spitzen eine Linie markieren.

Eine weitere Forr ergibt die Fortset zung auf Seite 36

Schlange, von der Diagonalen ausgehend

Von der einen Seite her die obere, von der anderen Seite her die untere Kante des Rechtecks an die Markierung falten.

Wiederholen – so oft wie möglich.

An der Markierungslinie nach hinten falten.

Färben.

An der Markierungslinie nach hinten falten.

Färben

Kombination von »Schirm« und »Schlange«

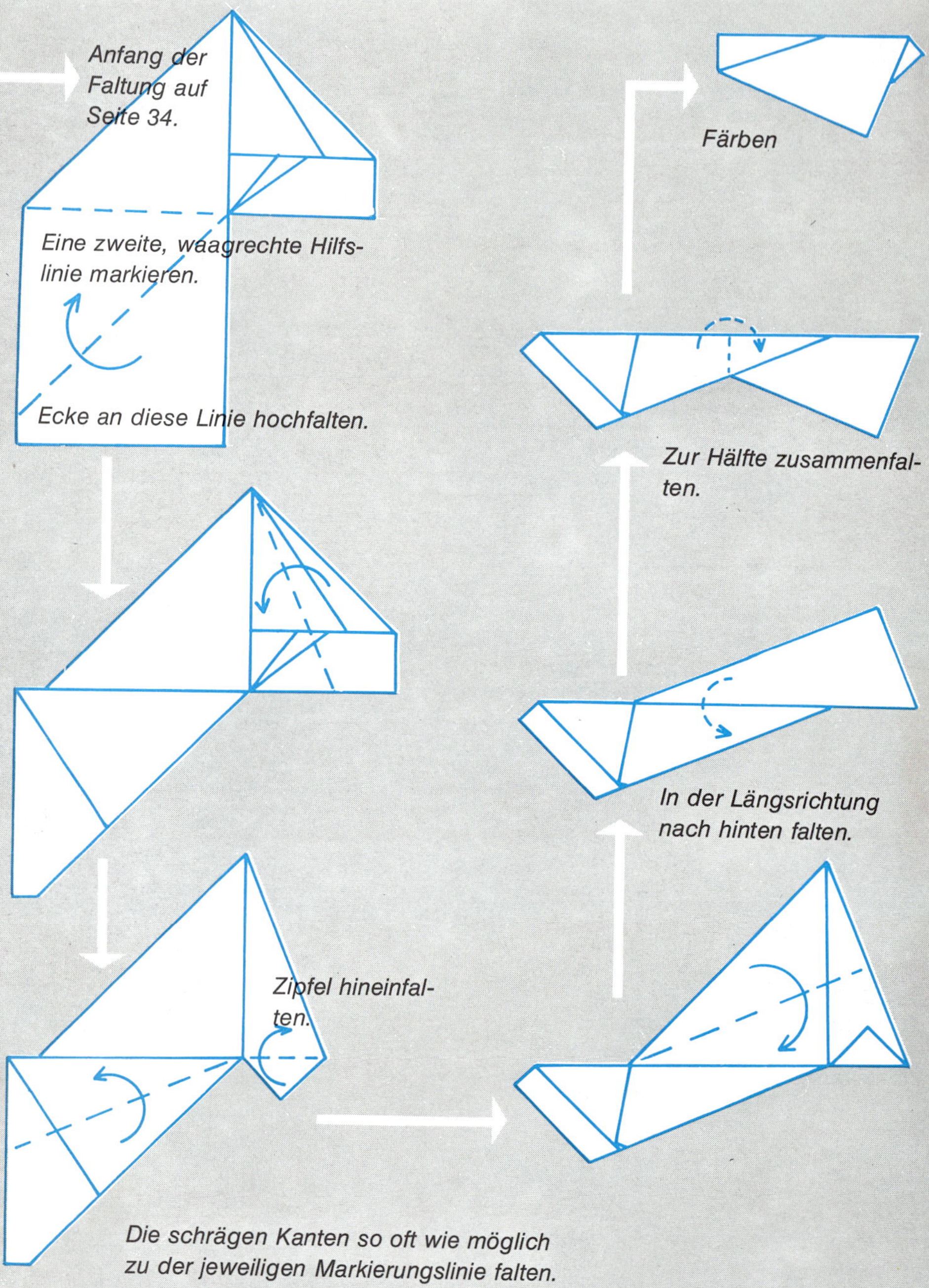

Kreis mit Parallelfaltung

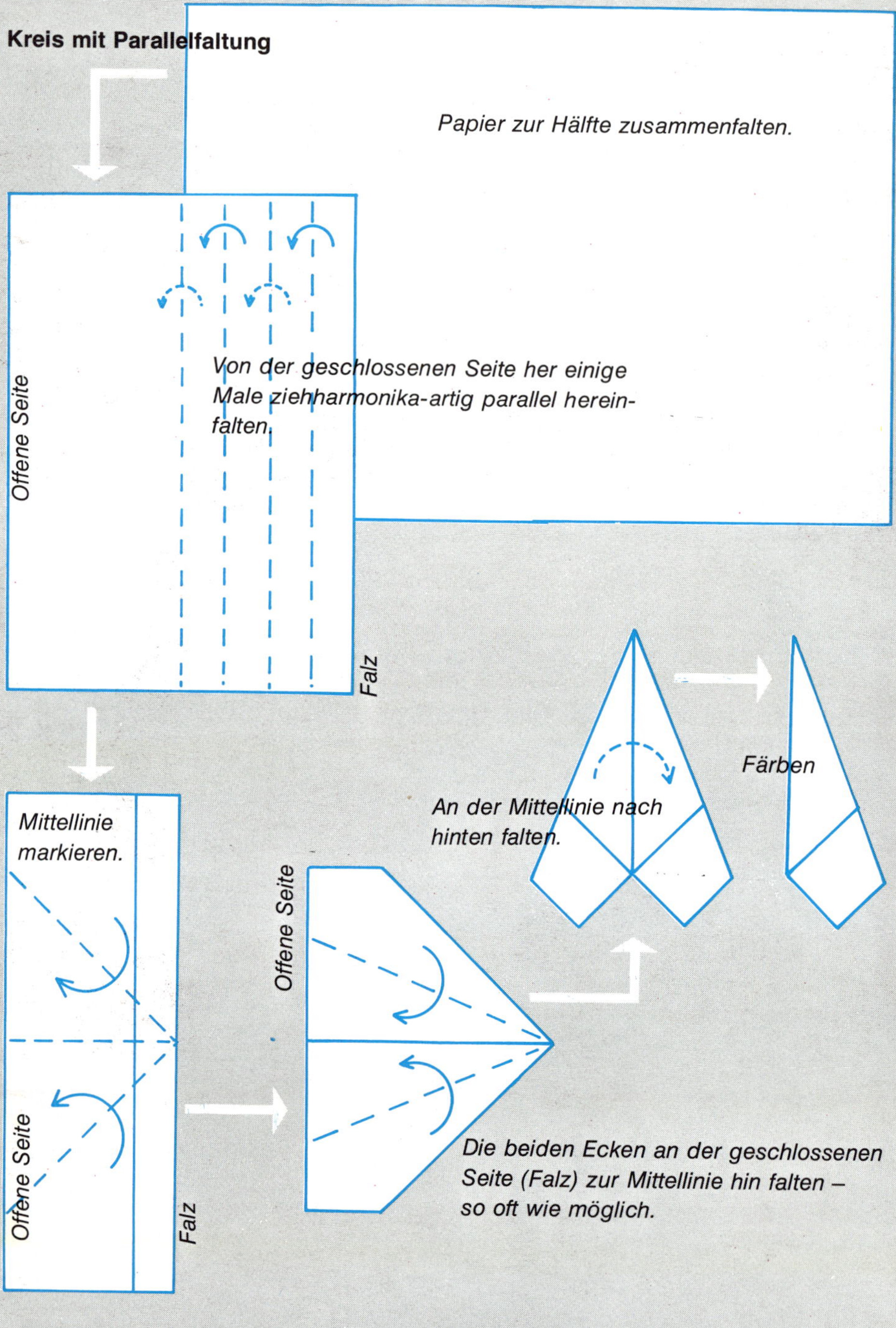

Trocknen – Glätten – Weiterverarbeiten

Die gut ausgedrückten, noch gefalteten Batikbilder können sofort vorsichtig auseinandergefaltet werden. Man kann sie auch in gefaltetem Zustand trocknen lassen, das Entfalten geht dann etwas einfacher. Die entfalteten Bilder trocknen in etwa einer halben Stunde. Zum Glätten werden sie gebügelt (Einstellung Seide, Unterlage Zeitungspapier). Um eine Verschmutzung von Bild und Bügeleisen zu vermeiden, ist es ratsam, ein Blatt unbedrucktes weißes Papier dazwischenzulegen.

Das fertige Bild ist noch recht empfindlich. Ohne weitere »Veredelung« ist es jedoch für Glückwunschkarten und Tischkärtchen verwendbar. Dazu wird das gewählte Bild auf Maß geschnitten. Ein Zurechtschneiden ist oft erforderlich, da durch den Batikvorgang der Rand unregelmäßig werden kann. Das Bild wird mit wenig Klebstoff aufgeklebt. Größere Bilder kann man auf einen festen Untergrund mit Tapetenkleister aufkleben (z. B. auf Pappe oder Spanplatte, die vorher mit weißer Dispersionsfarbe bestrichen wurden).

Aufgeklebte Bilder können durch Behandlung mit farblosem Sprühlack, durch Überzug mit einer selbstklebenden Klarsichtfolie und durch Beschichten mit Epoxyd-Harz geschützt werden (Kühnemann, Beschichtungsharz, Verlag M. Frech).

Schließlich lassen sich die Bilder auch hinter Glas als Wandschmuck verwenden.

Sprühlack ist vor allem dann geeignet, wenn keine zu großen mechanischen Belastungen auftreten. Dies ist bei aufgeblockten Bildern, bei Lampions und Lampenschirmen der Fall.

Selbstklebende Klarsichtfolie ist vor allem für größere Flächen geeignet (z. B. Lunch Sets oder Buchhüllen). Beschichtungsharz wird man zweckmäßigerweise dann verwenden, wenn größere mechanische Belastungen auftreten (Untersetzer, Serviertabletts).

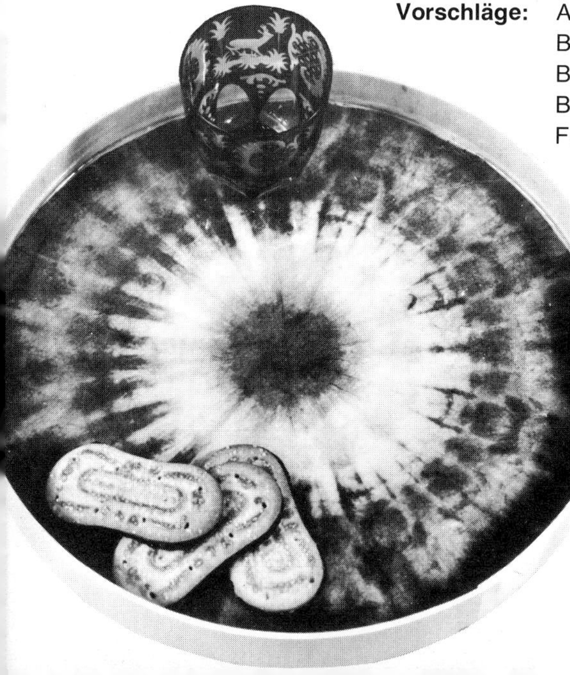

Vorschläge:

- Ausweishüllen
- Buchhüllen
- Briefmappen
- Buchzeichen
- Fensterschmuck
- Glückwunschkarten
- Lampenschirme
- Lampions
- Lunch Sets
- Ordner
- Papierkörbe
- Schmuckschatullen
- Schreibunterlagen
- Serviettenkästen
- Serviettenringe
- Tabletts
- Tischdeckchen
- Tischkarten
- Übertöpfe
- Untersetzer
- Wandbilder
- Zettelkästen

Zusätzliche Effekte

Wenn man eine gewisse Praxis im Umgang mit der Papierbatik-Technik gewonnen hat, wird man von selbst mit dem Experimentieren beginnen. Es sollen hier nur einige Anregungen gegeben werden.

So kann man komplizierte Muster erzeugen, wenn man sich nicht auf einen Arbeitsgang beim Färben beschränkt. Die einfachste Art ist, daß man ein Papier in einer hellen Farbe einfärbt. Nach dem Trocknen und eventuell auch Bügeln faltet und färbt man weiter.

Oder aber man beginnt vom weißen Papier ausgehend mit einer einfachen Faltform, läßt das so erhaltene Bild trocknen und faltet ein zweites Muster, das dann in dazu passende Farbe getaucht wird.

Speziell beim Tauchen kann man unterschiedliche Wirkungen erreichen, je nachdem, was für eine Pinzette oder Zange man verwendet. Manchmal ist es auch zweckmäßig, auf derartige Hilfsmittel ganz zu verzichten. Man erhält andere Effekte, wenn man das Papier mit der Pinzette oder der Zange kräftig zusammendrückt. Knickt man das Papier regelrecht ab, preßt man es dicht hinter dem Knick zusammen, taucht man es nur kurz ein, erhält man kleine Farbinseln. Oft ist es dann zweckmäßig, das Papier an der Biegestelle nach der anderen Seite zu knicken und noch einmal zu tauchen, da es sonst unter Umständen nicht ganz durchgefärbt ist.

Hält man dagegen das Papier nur lose und taucht es lang und tief, erhält man große zusammenhängende Farbflächen. Erwähnt sei hier auch noch einmal das Verdrillen des Papiers an der zu tauchenden Stelle. Es entstehen dann »Muster im Muster«.

Eine weitere Möglichkeit ist die Längstauchtechnik.

Man kann sie bei jeder Faltart anwenden; man braucht sie jedoch vor allem bei Faltarten, die von der Parallelfaltung ausgehen als Zusatzeffekt. Bei dieser Tauchtechnik wird nicht senkrecht, sondern in Richtung der Falten, d. h. parallel dazu getaucht.

Weil dabei die Gefahr besteht, daß das Papier sich großflächig vollsaugt, nimmt man hier oft vorteilhafterweise einen Pinsel oder eine Pipette und bringt die Farbe tropfenweise entlang der Kanten auf.

Besondere Wirkungen erhält man auch, wenn man mittels einer Injektionsspritze die Farbe in das gefaltete Papier einspritzt. Dabei ist allerdings wegen Verletzungsgefahr erhöhte Vorsicht geboten.

Der Pinsel findet übrigens auch zuweilen Verwendung bei Retusche-Arbeiten; d. h. wenn sich herausstellt, daß eine unerwünschte Asymmetrie den Bildeindruck stört, spricht nichts dagegen, die fehlenden Linien vorsichtig nachzumalen. Es sollte jedoch nicht der Charakter eines Gemäldes entstehen, was leicht geschieht, wenn man zuviel des Guten tut.

Die Palette der Möglichkeiten reicht noch weiter. Man kann unterschiedlich konzentrierte Farben verwenden. Ein gehäufter Kaffeelöffel Farbpulver auf 200 ml Wasser ergibt eine kräftige Farblösung. Allerdings muß man hier schon aufpassen, daß keine häßlichen Flecken im gleichmäßigen Farbverlauf entstehen. Man vermeidet dies, wenn man dieselbe Stelle des gefalteten Papiers nacheinander sowohl in die konzentrierte, als auch in die weniger konzentrierte Lösung derselben Farbe eintaucht oder wenn man vor Verwendung der konzentrierten Farbe das Papier mit Wasser anfeuchtet. Wenn man so taucht, daß sich die einzelnen Farbzonen überlappen, d. h. daß man einzelne Gebiete mehrfach überfärbt, ergeben sich neue Gestaltungsmöglichkeiten. Schließlich sei noch darauf hingewiesen, daß die verwendeten Batikfarben untereinander mischbar sind:
Gelb und wenig Rot ergibt Orange,
Rot und wenig Blau ergibt Lila,
Gelb und Rot mit wenig Blau und Grün ergibt Braun.
Gelb und wenig Blau einen Grünton, der jedoch in Abhängigkeit von den verwendeten Gelb- und Blautönen mehr oder weniger stumpf wirkt. Überhaupt ist bei allen Mischversuchen etwas Zurückhaltung geboten, da sonst leicht Schmutzfarben entstehen.

Fehlermöglichkeiten und ihre Beseitigung

Fehler:	Abhilfe:
Es treten fleckige Inseln im sonst gleichmäßig eingefärbten Bild auf. Grund: Farbe zu dick. Papier zu dick.	Farbe aufkochen. Farbe verdünnen. Neue Farbe anrühren. Dünneres Papier verwenden.
Blasse Farben. Grund: Farblösung zu dünn. Papier zu dünn.	Neue, gegebenenfalls konzentriertere Farblösung anrühren. Dickeres Papier verwenden.
Papier reißt beim Auseinanderfalten ein. Grund: Es wurde kurzfaseriges Papier verwendet. Papier wurde zu oft überfärbt. Papier zu dünn.	Papier in zusammengefaltetem Zustand trocknen lassen; erst dann vorsichtig auseinanderfalten. Anderes Papier verwenden.

ISBN 3-7724-0262-3 7. Auflage 1979 Frech-Verlag GmbH + Co. Druck KG, Stuttgart Druck: Frech, Stuttgart